AF311278

LE GÉNÉRAL DUBAIL

Le Vainqueur de la Mortagne, des Vosges et de l'Alsace.

LE COL DE LA CHIPOTTE

Pendant près de trois semaines, jusqu'au 12 septembre 1914, le 21ᵉ corps d'abord, puis une division de chasseurs et de coloniaux, livrèrent, sous les grands arbres de la Chipotte, des combats héroïques et sanglants. L'on ne saurait, sans frissonner, se représenter le tâtonnement à travers la forêt sombre, alors que les balles, venant on ne sait d'où, sifflent de toutes parts, frappant nos hommes au hasard et faisant malheureusement de nombreuses victimes. — Notre gravure représente des chasseurs tirant d'une tranchée établie sur la pente.

RAON-L'ÉTAPE

Le lundi 24 août 1914, les habitants de Raon-l'Étape apprirent qu'une troupe de Bavarois avait franchi le Donon et marchait sur la ville. Ces bandits s'étaient signalés par de tels excès dans la vallée de Celles que la population de Raon se hâta de gagner les caves. Bientôt, des coups de feu éclatèrent dans les rues ; des portes et des fenêtres volèrent en éclats, et, vers le soir, des incendies s'allumèrent sur divers points. L'occupation dura trois semaines; elle peut se résumer ainsi : *incendie, pillage, orgie*. Obligés enfin d'abandonner la malheureuse cité, les Allemands se vengèrent de leur déconvenue en lui envoyant des obus.

SAINT-RÉMY

Devant la pauvre église du petit village de Saint-Rémy, dont les obus ont fait une ruine lamentable, nos chasseurs soutiennent une lutte ardente. On voit dans le lointain les Allemands avancer, débouchant en masse compacte de la route d'Étival, et dirigeant leur

Copyright by Vermot, 1916.

attaque sur eux. Derrière la muraille d'un verger, éventrée çà et là par la mitraille, ils s'accrochent, farouches, à la position et ne la lâcheront que pour marcher en avant. Une fois de plus, leur héroïsme tenace aura eu raison de la résistance de l'ennemi et de ses puissants moyens d'action. Dans le verger, devant les ruines de la petite église, ils laisseront malheureusement hélas, quelques-uns des leurs.

NOMPATELIZE

Dans les derniers jours d'août 1914, les masses allemandes se dirigèrent vers la cuvette de Nompatelize, qu'occupaient les troupes du 14e corps d'armée. Des charges furieuses eurent lieu à maintes reprises, du 1er au 5 septembre, entre les maisons grises du petit village vosgien, si coquet dans son écrin de verdure. — Notre gravure montre les glorieux alpins refoulant l'ennemi à la baïonnette, dans la matinée ensoleillée du 1er septembre.

SAINT-MICHEL

Sur le village de Saint-Michel, dans une fraîche matinée de septembre, les obus tombent sans cesse, écrasant les toits, trouant les murailles, allumant des incendies dont on voit la fumée sur notre gravure. Le clocher, comme l'on peut s'en rendre compte, n'a pas été épargné. — Nos soldats se préparent à défendre le village et à recevoir vigoureusement des masses allemandes venant d'Étival qui commencent à être en vue.

Copyright by Vermot, 1916.

SAINT-DIÉ
(FAUB. DE LA BOLLE)

Après avoir, le 27 août 1914, annoncé leur arrivée à Saint-Dié par un bombardement copieux, les Allemands firent leur entrée dans la ville en s'abritant derrière des civils qu'ils poussaient en avant. Notre gravure montre une poignée de soldats français — de héros — qui, sous les obus, s'obstinent à une impossible résistance. Dans la nuit du 11 septembre, l'ennemi dut évacuer la ville, et, le lendemain, au milieu d'un enthousiasme touchant au délire, nos alpins la traversèrent. Mais si la cité vosgienne était débarrassée d'hôtes exécrés, elle ne se trouvait pas à l'abri de leurs obus : quelques jours après leur départ, le 29 et le 30 septembre, elle subit de violents bombardements. Elle a eu, comme on le sait, à en subir plusieurs autres depuis.

Copyright by Vermiot, 1916.

TAINTRUX — Le joli village de Taintrux, en partie démoli dans un furieux duel d'artillerie, est devenu un véritable enfer. Nos fantassins, avec un entrain qui se reflète sur leurs physionomies, traversent cet enfer pour marcher à l'ennemi, que leur héroïque effort va chasser du col du Haut-Jacques, ainsi que de toutes les hauteurs environnantes, et décider d'une de nos premières et historique victoire.

LA BOURGONCE   Marchant à l'ennemi, un bataillon alpin traverse le village de La Bourgonce. Ces superbes soldats savent que la mort les attend, et pourtant on croirait voir une troupe en manœuvres dans ce village qui ne porte aucune trace apparente de la guerre. Pour ces soldats, qui ont laissé bien des leurs déjà dans les sentes des Vosges, c'est comme une vision du village natal, — vision brève, hélas! — qui

s'évanouira bientôt sous les balles et la mitraille. Vers six heures du soir, en effet, se faufilant entre les maisons blanches du village, et se ruant dans la direction de La Salle, ces chasseurs exécutèrent une charge à la baïonnette remarquable qui ajoutera une belle page à l'historique de leur bataillon. Les Allemands s'enfuirent cédant à leur irrésistible poussée.

LA SALLE

D'un élan ininterrompu depuis La Bourgonce, village voisin que représente le panorama précédent, nos alpins marchent au combat vers le petit village de La Salle, où naissent des incendies allumés par les obus. Comme beaucoup d'autres de la région de Saint-Dié, ce village, d'ordinaire si paisible, sera le théâtre d'actions héroïques et sanglantes. Il faudrait pouvoir citer tous les faits individuels toujours si brillants pour nos alpins.

Copyright by Vermot, 1916.

SAULCY-SUR-MEURTHE

Au commencement de septembre 1914, les Allemands bombardèrent le village de Saulcy-sur-Meurthe, puis, lorsqu'ils purent y pénétrer, ils mirent le feu à un certain nombre de maisons : quatre-vingt-neuf immeubles, dont un important tissage, furent dévorés par des incendies allumés soit par des obus, soit par la torche des brutes teutonnes. Le 12 septembre, dans leur mouvement en avant, nos troupes chassent du village les barbares qui l'occupent. Tout un état-major allemand fut anéanti par votre artillerie dans le joli château que l'on aperçoit encore dans un bouquet d'arbres.

ANOZEL
(LE MAUVAIS CHAMP)

C'est entre Taintrux et Saulcy-sur-Meurthe, tout près du petit village d'Anozel, qu'est situé ce joli vallon encadré par des sommets boisés sur lesquels flottent des vapeurs légères et transparentes. La guerre en a fait une véritable fournaise où la mort frappe à coups redoublés, où les ruines s'accumulent, où râlent les mourants, où les blessés crient leur souffrance. Admirables comme toujours, nos

Copyright by Vermot, 1916.

fantassins se portent résolument vers l'Est, traversent ce vallon en cet endroit, coïncidence étrange, dénommé « Le Mauvais Champ ». Ils escaladent les pentes sous les balles et les obus, sans souci de ceux qui tombent et qu'ils vengeront bientôt. — En avant, pour la France! — Et rien n'arrête ces superbes soldats, ··· que la mort....

Copyright by Vermot, 1916.

ENTRE-DEUX-EAUX

Le 2 septembre 1914, après avoir copieusement bombardé le village d'Entre-Deux-Eaux, dont un certain nombre de maisons furent détruites, les Bavarois y firent une entrée brutale et s'emparèrent du maire, M. Ferry, l'accusant d'avoir fait aux Français, pendant la nuit, des signaux lumineux. Le malheureux village connut les horreurs de l'occupation jusqu'au 12 septembre, jour où il fut repris par nos troupes. - Notre gravure montre nos soldats au cours de l'action qui aboutit à la délivrance du village.

Copyright by Vermot, 1916.

LA CROIX-AUX MINES

Précédés par les obus de notre artillerie, nos alpins, avec leur fougue coutumière, descendent vers le coquet village de La Croix-aux-Mines, dont ils chasseront l'ennemi, comme ils l'ont fait partout où ils se sont mesurés avec lui, pour le refouler ensuite vers la frontière, pour le « bouter hors de France ». Et les regards de ces braves se portent vers les sommets bleuâtres au delà desquels ils savent qu'est la terre d'Alsace.

Copyright by Vermot, 1916.

LE CHIPAL

Niché au creux d'une vallée pittoresque, non loin de la Croix-aux-Mines, au tournant d'une route bien connue des touristes, dans un cadre un peu sévère dont notre remarquable gravure évoque la poésie à la fois mélancolique et douce, le hameau vosgien du Chipal semblait devoir jouir d'une paix éternelle. Mais les barbares, que nulle poésie n'émeut, ont franchi les monts ; et nous voyons le malheureux hameau, sur lequel ils se sont acharnés, flamber sous les obus.

Copyright by Vermot. 1916.

LE COL
DES JOURNAUX

Par bonds, nos chasseurs, dans les bois que l'on voit, déchiquetés par la mitraille, progressent le long de la route ravinée par les obus et balayée par les balles ; ils arrivent au sommet du Col des Journaux. La lutte y est d'une âpreté farouche. Les Allemands, que l'on distingue derrière les cadavres des leurs, s'accrochent désespérément, mais à chaque poussée les nôtres avancent, quelques-uns d'entre eux ne se relèvent pas : morts ou blessés, ils jalonnent le chemin glorieux qui mène leurs frères à la victoire, arrosant de leur sang généreux le sol conquis.

SAINT-LÉONARD — Un à un, nos troupes dégagent les villages de la région de Saint-Dié, refoulant la horde qui s'est abattue sur cette partie des Vosges. Les voici devant le village de Saint-Léonard, sur les bords d'un des bras de la Meurthe, d'où part un feu nourri auquel nos vaillants chasseurs répondent vigoureusement, approchant par bonds successifs des maisons blanches qui, devant eux, bordent la route de

Saint-Dié. A droite, une importante usine est complètement détruite par le feu et le canon ; on en voit l'outillage amoncelé en ferraille. Les chasseurs ne s'occupent pas de la rivière et la traversent sans plus de souci qu'une route. Dans les grands monts qui, au loin, soulèvent leurs forêts de sapins, roulent d'écho en écho le fracas des canons et le crépitement de la fusillade.

Copyright by Vermot, 1916.

MANDRAY

Dans le cimetière du village de Mandray, une partie d'un bataillon de chasseurs de la région soutient une lutte farouche sous les balles et la mitraille. Ce n'est, pour ces vaillants soldats, qu'une étape glorieuse dans leur marche héroïque vers les cols des Vosges, d'où ils chasseront l'envahisseur. On peut juger de l'intensité de la lutte en examinant les traces de balles que révèle le monument funéraire.

Copyright by Vermot, 1916.

LE COL DU HAUT-JACQUES

Refoulant devant eux l'envahisseur, nos vaillants alpins se dirigent vers la terre d'Alsace, que tous, hélas, n'atteindront pas. La mort, en effet, les guette à chaque pas ; elle est embusquée partout, sur la route et dans les bois épais qui semblent monter une garde farouche aux cols des Vosges. Mais rien ne peut avoir raison de leur héroïsme : sur le Haut-Jacques, comme ailleurs, ils passèrent. On peut distinguer sur la photographie la silhouette des derniers Allemands qui luttent encore en se retirant.

Copyright by Vermot, 1916.

LA
CROIX-IDOUX

Dans cette délicieuse clairière, où le syndicat d'initiative des Vosges avait fait édifier un charmant pavillon de repos, que l'on voit encore auprès de la modeste croix qui met comme une note de tendresse dans l'âpre poésie de la forêt sombre, une lutte acharnée eut lieu. Les Allemands avaient établi derrière la croix de véritables ouvrages fortifiés protégés de fils de fer. De furieux corps à corps marquèrent la prise de ce carrefour, mais rien ne résista à nos alpins qui, alertes, baïonnettes en avant, *nettoyèrent* la position et firent payer cher à l'ennemi leurs infortunes camarades que la fatalité avait privés de jouir du triomphe.